Círculo Rojo

INEFABLE

INEFABLE

Patricia Torrecilla Casero

Círculo Rojo
EDITORIAL

Primera edición: enero 2024

Depósito legal: AL 3839-2023
ISBN: 978-84-1061-119-1

Impresión y encuadernación: Editorial Círculo Rojo

© Del texto: Patricia Torrecilla Casero
© Maquetación y diseño: Equipo de Editorial Círculo Rojo

Editorial Círculo Rojo
www.editorialcirculorojo.com
info@editorialcirculorojo.com

Impreso en España - Printed in Spain

El papel utilizado para imprimir este libro es 100% libre de cloro y por tanto, **ecológico**.

PRÓLOGO

Abrirse en canal. Así describiría lo que están a punto de leer. La colección *Inefable* recoge los sentimientos y anhelos de Patricia Torrecilla Casero a través de una recopilación de poemas escritos durante distintos momentos de su vida y que revelan gran parte de su transformación personal.

El deterioro de un ser querido a lo largo del tiempo; la experiencia de un amor libre, sin restricciones; la soledad que queda tras la pérdida de aquellos que queremos; la importancia de la perseverancia. Estas son algunas de las situaciones que se exploran en esta colección, teniendo como temas principales el duelo, el amor propio y la superación personal. Escritos en prosa poética, esta recopilación define el viaje personal de la autora durante distintos episodios de su vida y que han marcado su identidad.

En sus poemas, podrás ver reflejada una realidad compartida y podrás identificarte en muchas de sus reflexiones. La autora mezcla técnicas de prosa y de poesía utilizando un lenguaje cargado de emoción, pero a la vez accesible. Algunos poemas tienen una estructura más lineal, mientras que otros reflejan la fragmentación que siente. Muy a menudo se puede observar cómo la forma reproduce el contenido, de modo que hay una conexión entre la forma con la que escribe y lo que siente.

A primera vista, los poemas pueden parecer inconexos, pero, según avanzas en la lectura, ves que emerge un patrón, y uno de los patrones que nace es el del crecimiento y la transformación personal. Podría analizarse como una evolución desde un sentimiento de desesperanza y desesperación a otro de paz y aceptación. Aunque los poemas abordan la tristeza y la desolación, también están elaborados con auténtica percepción sobre la naturaleza del dolor y el sufrimiento. Tomemos como ejemplo *La falta de un adiós*, un poema inspirado en todas aquellas muertes sin despedida. El poema comienza reflexionando sobre lo que la autora siente tras «pérdidas desoladoras», con «la ausencia de duelo natural». El movimiento del poema nos invita a perseverar y tratar de ver luz donde solo hay oscuridad. Otros poemas exploran temas más personales, como *El niño*, donde se trata de nuevo el duelo, pero desde otra perspectiva. El dolor que no te pertenece. El dolor que vive arraigado en tu familia. El poema comienza: «Niño cantarín, divertido pero ausente. Me enseñaron a quererte aunque no pudiera verte». Finalmente, cabe mencionar poemas como *Mi cuerpo*, que tratan la lucha a la que se enfrentan muchas personas por aceptarse cómo son. Sin lugar a duda, esta colección de poemas te hará reflexionar sobre las distintas formas que tenemos de sentir, de comunicarnos y de soñar.

MADRID

Madrid está llorando; sus calles, envueltas por el silencio, buscan la manera de expulsar el mal que tan rápido se contagia, el mal que apaga la vida.

Madrid llora entre sollozos de soledad y tortura. Lucha por el aire que le falta y que aún nadie le cura.

Madrid desnuda tiene miedo y a la vez fe, cada tarde a las ocho baila entre los aplausos de quienes aún no puede ver.

Ella, que nunca está sola, se pregunta por qué y, bella como siempre, pero desnuda como nunca, se enmudece otra vez.

MI ALMA VIEJA

Querida alma vieja de largo recorrido, secretos inconfesables y hechuras inefables. Maldita grieta la que en ti se abrió, indeseable su llegada cuando en ti tejió con aquellos hilos púrpura la valentía a la que se te condenó.

Querida alma vieja a la que amo más que a la mía propia. Naciste entre truenos de fuego y sonidos de música jamás deseada. Con tan solo 12 años tuviste que elegir el marchar; no existía la esperanza de quedarse, la esperanza de volver a empezar.

Querida alma vieja ya serena, a la que amo y cuido como si la mía fuera. Sé que lloras en silencio y que entre desvaríos me nombras...

Te prometo, alma triste, a la que amo como si la mía fuera, que, cuando todo esto pase, te abrazaré como te abrazó tu madre cuando acabó la guerra.

Será un abrazo tan fuerte que tus arrugas quedarán tatuadas en mi piel, creando un mapa infinito que me lleve siempre a tu mercè, cerca de tu orilla y lejos del dolor de no poderte tener.

ANTOLOGÍA DE UN APOCALIPSIS

Ahora que el miedo nos coge el cuerpo y los nervios se nos instalan en la tripa.

Ahora que el todo y la nada nadan juntos mientras ganan las ya perdidas ganas por ganar.

Ahora que creemos no ser nosotros o que quizá lo seamos más, ahora queremos aquello que yace ausente y que lentamente se va.

Estás atrapada dentro de ti, encerrada en una fría y abrumadora cárcel, sin manual para salir. Buscas instrucciones para sobrevivir y gritas, pero no escucha nadie. Transformar aquel doloroso lugar en algo feliz no es una opción, al menos para ti.

La vida abruma y prefieres dejar de vivir. Pero yo sé que aún guardas aquella llave que dices no poseer. Sé que está escondida junto con las migajas de la verdad.

Sé que lo lograrás; tú sabes que, a pesar de lo áspero del camino, el paisaje que rodea tu sendero es hermoso. Sé que encontrarás la luz en tu destino y que superarás cualquier escollo.

Sé que lo vas a lograr.

OXÍGENO DE SAL

Qué privilegiado el que pueda respirarte, sentirte, tocarte, limpiar con sus propias manos las lágrimas que hacen ríos en las montañas de tus mejillas.

Sobraron las palabras, faltaron las ganas, sentí el terremoto que me obligó a reconstruir(me).

Qué privilegio adormecerse con el tacto de tu pelo, bailar con la música de tus besos.

Qué privilegiado el que juega con el sol dejando dorar su cara, paseando sin miedo a nada.

Qué privilegiado el que, a pesar de todo, no pierde la calma.

Qué privilegiado el que, por intentarlo, ya gana.

MIEDO

Miedo, vete de aquí, hoy no quiero ser tu aliada, no quiero bailar entre tus sombras ni regocijarme en tu mirada.

Miedo, no eres tú quien me echa, soy yo quien me voy e ignora tus burdos intentos cada vez que golpeas mi puerta.

¡Ay, miedo! Qué valiente te crees cuando yo estoy llena de ti en cada poro de mi cuerpo.

¡Ay, miedo! Que luchas con fuerza, pero yo con más, y te venzo. Siento decirte que la fuerza y el valor se te adelantaron en tus sucios intentos.

¡Ay, cobarde miedo! Escúchame bien, yo ya no te tengo miedo.

FALTA

De nuevo este juego que nos recuerda nuestra pequeñez, que agudiza nuestros desvelos y nos muestra cómo tan rápido fuimos, pero dejamos de ser.

De nuevo este juego que nos sacia de ausencias que desvelan a nuestras almas cada madrugada, siendo la crueldad de los sucesos quien nos cuestiona todo una y otra vez.

Abrígame, cielo infinito, con tu esperanza. Lléname más de fe que de falta de ganas. Cobíjame en tu libertad envidiada y aléjame del escozor de la falta.

¿Y qué falta?
Falta aquello que no sabíamos que extrañábamos y que de pronto necesitamos tocar.
Falta menos dolor y más humanidad.
Falta que, por fin, mis, tus, nuestras lágrimas sean ya de felicidad.

¿Y qué falta?
Falta poderte abrazar.

PARA TI, POESÍA

Llave que abre la puerta de todas las cárceles, que me roba el aire y me intenta asfixiar. Sin miedo te cuelas por aquella pequeña ventana que da a mi patio interior, abres la puerta de la prisión en la que me encuentro en contra de mi voluntad.

Agarras mis entrañas y me meces ahuyentando cualquier dolor. Mirando directamente a los ojos de mis desgarros y poniéndoles tiritas de verso y rimas a las heridas del corazón.

Eres terciopelo y viento sedoso que me acaricia cada noche cuando me acoge la soledad.

Eres el baile con mis labios siempre con esa tan tuya musicalidad. Se despegan las rimas que juegan a esconderse, pero que tú alcanzas y recoges, rescatándonos de nuevo y comenzándome a recitar.

Eres tú quien yo no sé.

Eres tú por mí.

Eres tú quien fue.

Soy por ti así.

LO VOLVERÁ A INTENTAR

Juego al escondite con la pena, pero siempre me pilla y me vuelve a encontrar.

Valiente tu sombra, que con ausencia de luz me increpa y me vuelve a tentar.

Déjame, melancolía, hoy no me voy a dejar.

No me busques en el lecho, porque no me vas a encontrar.

Me he hecho humo de pino y de intentos por no llorar.

Apresúrate, angustia de pecho, recoge tus cosas y márchate ya.

No quiero que me poseas ni que me enloquezcas una vez más.

HAMBRIENTO DOLOR

El dolor se comió mi dulzura, el sufrimiento golpeó mi sonrisa. Mi ya cansado valor y mi aguda pena bailan tristemente mientras yo me consumo en la idea de que la realidad no es real y la frivolidad con la que la muerte mata a la vida, la vence y se la lleva tampoco es real.

Me resigno a aceptar que no hay amnistía para las vidas que luchan por vencer y respirar, ganando la batalla a este mal contagioso que nos prohíbe tocar, sentir la piel con piel; que nos castiga sin podernos abrazar.

Mi rostro, ya pálido y débil, que vagamente recuerda cómo era antes de que el mundo se comenzara a derrumbar, cae a trozos sobre el colchón inundado de lágrimas que me atrapan, me envuelven y me acogen en el tiempo, que parece haberse parado sin retorno, sin tregua, sin sensibilidad.

El dolor se comió mi dulzura, la pena me araña con fuerza, escuece, no cesa, no para de sangrar. El dolor se comió mi dulzura, no sé dónde está.

ASÍ TE QUIERO

Eres pasión que me envuelve y me visita, pero a puertas abiertas y sin cadenas, sin aparcar tu vuelo, sin robarme mi cielo.

Eres todo lo que quieras, nada ni nadie te frena y así te quiero: libre y sin cadenas.

Sin esclavitud y sin cautiverio, así te siento y así te quiero, porque tú no eres de nadie, ni del sol ni del viento.

NÚMEROS CONSECUTIVOS

Más que números, mucho más.
Una eterna celebración, un intento por volverte a recordar.
Más que números, mucho más.
Más que números, casualidad.
Más que números, un antes y un después.
Hechos no deseados que nos marcaron sin querer.
De pronto eres ausencia, llega ese número y estás.
La privación de vivirte contigo viene y va.
Es cierto que te has ido, pero es siete, así que estás.
Te seguimos celebrando, eres poema escrito en la piel de
aquella loca de manual.
Ella te tinta *Inmortal*.
Su piel es ahora la huella de tu infinidad.
Es siete, te celebro, te lloro, no estás.
Primero ella, después yo, después tú, INMORTAL.

POETA DE BRÚJULA

Nadie escribe sobre esperanza, sobre fortaleza, sobre más ganas y menos dolor. El ímpetu, cada vez más dormido, no desiste y lucha por tocar el sol.

Sé que se encontrarán en aquel lugar cerca de Dios, donde antes era imposible y ahora cobra sentido a falta de valor.

Ya perdieron la cuenta de los días, las gotas de pena líquida y los sollozos de madrugada que los dejaba sin respiración.

Ya llenos de incertidumbre se arrojan silencios cargados de palabras que aterrizan justo en aquel rincón.

Esquina escondida, morada de aquellas sombras, gritos enmudecidos que con violencia roban la paz genuina de los que no perdonan y tuvieron que despedirse sin decir adiós.

LA FALTA DE UN ADIÓS

¿Cómo nos enfrentaremos a las pérdidas desoladoras?... Pérdidas sin despedidas ni homenajes, con ausencia de duelos naturales, con abundancia de ilógica impotencia e infinita represión.

Hay esperanza, duerme junto con valor.

Hay fuerza, se acicala para el momento de despertar de este paradójico bucle de asombros y desconocido temor.

Hay luz con hambre de sombras.

Hay niños con falta de entendimiento, pero también con sonrisas que dan alivio al dolor, inocentes sonrisas que por un instante devuelven la respiración.

Hay resentimiento y baila con la memoria. Hay ganas de demoler todas las torres de consecuencias que se acumulan a causa de este contagioso mal. Mal de todos, mal de la nada que destroza y mata sin mirar. No mira, qué cobarde.

Hay esperanza, hay mar.

Hay vida y ansias de libertad.

Hay esperanza y siempre la habrá.

Haz de aquella cárcel tu libertad.

Haz de las ausencias recuerdos de eternidad.

ABUELA, GUITARRA, PERRO

Lo intuyo, pero lo niego. El acecho me persigue y me lo grita en silencio, pero no miro, me lleno de luz los ojos, no dejo salir el agua que quiere derramarse por las curvas de mi cara. Mi faz tiembla como todo mi cuerpo, pero la calmo y paseo.

Paseo entre las cuerdas de mi guitarra, me detengo en algún acorde, vibro con sus notas enormes, me siento pequeña y la sombra y el gigante me persiguen de nuevo.

Recuerdo que eras un poco de todos y te quiero alcanzar. Tus manos eran suaves, son suaves y las quiero acariciar. Me asusta sorprenderme hablando a veces en pasado. Mientras, el tiempo se escurre entre mis manos obligándome a soltar. No admito que te estás yendo y persisto en mi idea de volverte abrazar.

Te imagino como antes, en el jardín junto al olivo, entrelazando raíces en nuestro nuevo hogar.

Abuela, ¿lo recuerdas? Te ríes cuando se acerca el perro, pero no quieres que sea demasiado. Yo sonrío porque ya no me dan miedo, tú tampoco me das miedo, y es que en el fondo nunca te conocí de verdad, comencé a conocerte cuando lo que realmente aterraba te empezó a invadir. Lo insano te sanó y creó en mí amor y devoción por ti.

De pronto, vuelvo a pensarte, te quiero aquí. Improvisar una cama a los pies de la de los demás, vivir despierta porque la noche es tu momento favorito para reclamarme y no pararme de llamar. Jugar contigo a dejarnos llevar por los delirios. Veo una luz, tengo esperanza, has sonreído, has cogido fuerte su mano, sabes que soy yo, sabes que estoy aquí.

El aire se te resiste, pero tú tienes paz, nos imaginas juntas de nuevo, yo ya he vuelto de ese viaje. Mi mente improvisada me lleva hacia ti y tú viajas hacia mí, te gusta el chocolate y me sonríes.

Mañana igual no, hoy igual me apartas, y seria te enfadas por rutina o por angustia de desconocer la situación, pero no pasa nada, tus manos siguen siendo suaves, tus morros siguen de chocolate y yo sigo a tu orilla.

No me sueltas la mano, te canto, continúas la melodía, ríes, hoy de pronto no, te molesta que alce la voz, tienes faena. Nunca sé con certeza en qué mundo estarás o a cuál me llevarás, pero no me importa, porque sigues recordando mi nombre y entre silencios lo gritas buscando mi voz.

Mi canción te encuentra y yo por ti dejo de ser yo, pero de pronto me recuerdas que no me has olvidado, sabes cuál es mi nombre, reconoces quién soy.

Mis manos están bajo la manta, tienen frío, tiemblan. La música de mi guitarra ha terminado, el perro de la calle se ha acostado, tú lo sabes, yo sigo temblando. No me importa el frío, a veces me quito los guantes solo para que mis manos se queden heladas, sé que tú las taparás bajo tu manta y no me separarás de ti hasta que mi cuerpo se haya templado y sepas que ya estoy segura, que ya no me va a pasar nada.

Fuiste siempre abuela, fui siempre nieta, dirán que sí, diré que sí. No lo negaremos ninguna de las dos. Aunque solo tú y yo sabemos cuándo nuestros corazones dejaron de ser dos para ser solo uno que late fuerte como si fuera un millón. Te recuerdo de muchas formas, te pienso a cada minuto que marca el reloj.

Debo estar quieta, algo se puede romper. Crezco, creces, volvemos a tener los labios de chocolate, nos escondemos, me miras, te miro, antes era yo, ahora eres tú el bebé. De pronto tienes cinco años, de pronto tienes diez, de pronto todo se para y me pides que me quede a tu lado, que te prometa que voy a volver. Lloro, eres mi abuela, eres más de lo que dejas ver.

Eres en mí más de lo que jamás imaginé. Grito, te lucho, te prometo, te lloro, te cuido, te cedo, te vivo, te quiero y te vuelvo a querer.

Eres mi abuela, eres mi ser, estoy hecha de retazos que dejaste en cada parte de mi piel.

Tus manos están suaves, quiero tocarlas otra vez. Abuela, los perros ya no me dan miedo. Ven conmigo, quiero que lo veas y que con tus ojos nos miremos otra vez.

Tus manos están suaves, las mías gélidas. Saca la manta, abuelita, te necesito, sácala de nuevo y arrópame.

Tus manos están suaves, son suaves. Tu tacto es mi imborrable recuerdo y tu mano afirmando que nos escuchas.

Te despides, te duermes, ya no hay faena, ya no hay canción, se cierran los ojos, el sueño profundo te atrapa y tú ya para siempre te liberas con él.

VIDA NO ES VIDA

Que se apague la vida que creemos que es, pero no. Solo nos obliga a tener una doble moral, dobles exigencias y una paralela y confusa vida irreal.

Reconozcamos su cara cuando venga y nos quiera abrazar. Su perfume es de campo y mar, ya no maltratado porque su abusador por decreto encerrado está.

Vida, sánate, que quien te desea, pero no te valora y te esconde su respeto, burlando tu poder, no te merece. Vivimos una vida que no es real, creamos expectativas fingidas que no podemos lograr, nos escudamos en falsos planes que en palabras se quedan y de nuevo nos alejan de la vida, de la realidad.

Ahora que te perdemos, nos perdemos contigo en esta vaga irrealidad. Esta vida, que no es vida, solo nos aleja de lo auténtico, haciéndonos olvidar lo que antes sí lo era, sustituyéndolo por lo que no es vida y nos aleja de lo natural.

Si no puedes verlo, olerlo, oírlo; si la única posibilidad es soñarlo y almacenarlo en el cajón de desastres que con frustración dejamos que duerma por siempre, agonizando junto con nuestra aspiración de soñar, entonces no es vida, es irreal.

QUERIDA VERDAD

Egoísta sería dejar que mi mundo continuara, beberme la hiel y hacerme a mí misma torturas de amargor. ¿El mundo ha parado o lo quieres parar? No lo sé, no me importa. Yo solo me concentro en poder respirar.

Mi despertar, ya sin aire que lo sostenga, siente que se ahoga en el mar. Mar de agua salada que se derrama en forma de pena por las mejillas de mi cara, por mi aún temblorosa faz. Mi cuerpo de barro con antes forma manipulada ahora comienza a despertar.

No quiero aires artificiales, cataduras de dudosa realidad. No es egoísmo alejarme, es decidir conmigo estar. Qué dolorosa es saberte, verdad. No me juzgues si ahora no quiero descifrarte, pero intentar entenderte me destroza el alma y me rompe en miles de dolorosos pedazos difíciles de reparar.

Verdad, no me juzgues, aún no podemos hablar. Yo te quería, pero ahora me dueles, me robas el ahora, me golpeas el pecho y, si en vida estoy, me haces dudar.

Verdad, qué cruel eres, que me persigues sin descanso aunque me esconda en el escondrijo más oscuro de mi redundante oscuridad. No te atrevas a mirarme a la cara y obligarme a escuchar que todo aquello que me has arrebatado ya no volverá.

No te atrevas a encerrarte en mi mente volviendo loco todo mi mundo, destruyendo mi aliento, escupiendo a mi sensibilidad.

Querida verdad, ya no eres tan querida, te he encerrado en una realidad virtual donde solo existes si te enciendo y decido aceptar.

Verdad mentirosa, déjame de dañar, ahora eres tú quien está atrapada y yo quien decide cuándo te voy a liberar.

QUÉ QUIERES DE MÍ

No sé hacerme tu amiga y tampoco sé desprenderte.

Mi dolor y yo estamos intentando entendernos, estamos aprendiendo a hablarnos sin hacernos tanto daño. Yo no deseé que viniera a verme ni que enhebrara su presencia a mi ya perdida sonrisa, que ahora con traje oscuro y curva invertida va.

Pero ahora que comienzo a entender que de mi mano durante un largo viaje me va a acompañar, no sé cómo voy a despedirla No tengo fuerzas ni para poderlo intentar.

Aún no puedo aceptar el motivo de su visita y la causa de su frialdad. Dicen que, cuando viene a visitarte, te abraza tan fuerte que sentir que te ahogas es normal y que cuando se va es porque ya la has comprendido y sabe que sola te puede dejar.

Soledad me abraza en mi desconsuelo y es quien me acompaña cuando el dolor no duerme y la angustia baila dentro de mí sin invitarme al vals.

Dicen que, cuando todo pase, mi herida seguirá, pero en forma de cicatriz orgullosa que al dolor, al miedo y a la verdad los venció con o sin cordura, pero siempre con la certeza de que lo iba a intentar.

AMNISTÍA

Estoy furiosa, dominada por la inquietud y el desconsuelo de lo que está pasando y va a pasar. Intento no dormir demasiadas veces en el calvario.

Le pido a la vida mi expiación por dejar de creer en ella, por dejarme dominar por la profunda aflicción que juega con mi poco raciocinio, que vacila a mi aún deseo de poder volver atrás.

SERES SALVAJES; COMO HIERBA EN ÉPOCA DE PANDEMIA

Mira a los muchachos con hambre de correr y mover en infinita dirección sus piernas. Mira a los adultos con ganas de apaciguar los golpes que atormentan a sus conciencias.

Mira a los que lloran lamiéndose las heridas. Mira a los encerrados cómo enloquecen, cómo intentan salir de la trampa cuya salida no encuentran.

Mira a los hambrientos cómo pelean, a los perdidos cómo ya no buscan y simplemente se dejan llevar.

Mira con detenimiento y fíjate bien, seguro que puedes reconocerle. Es salvaje y quiere su arrebatada libertad.

Es el ser humano indómito liberando su parte natural, su parte más salvaje, que se esconde en las raíces y descansa en las dormidas entrañas de la verdad.

Somos seres salvajes, domesticados, con falta de autoestima y una impuesta moral. Somos seres salvajes con un impulso voraz, adormecido por las leyes y normas, por la falsa creencia de lo que está bien o mal.

Seres humanos, a veces tan faltos de humanidad. Seres humanos, criaturas únicas en su complejidad.

La naturaleza suspira herida y en su infinita generosidad nos recuerda quiénes somos en realidad. Seres insignificantes hechos de humo y sal.

Mientras, en la selva de acero, el ser humano indignado se alza contra las sombras. Recuerda los campos y quiere volver.

La tierra se sacude y en medio de sus ríos torcidos retumban sus quejidos. Ella es asombrosamente audaz.

Valiente lección nos ha dado, que de la bofetada nos ha hecho despertar; a algunos, en cambio, los ha dormido para siempre dejando vacío su lugar.

Los que despiertos estamos nunca vamos a dormir igual, siempre al acecho de si fue todo mentira o verdad. Siempre llevando el recuerdo de esta dura crueldad.

QUÉDATE CONMIGO

Pulcra la inocencia que con golpes de dudosa irrealidad es arrebatada y comienza a sangrar. No hay reparación para los desgarros de mi alma escondida ni costura para la herida que desangra por ausencia derrochando dolor. Los despojos de mi cordura se fueron con la duda de si toda esta locura es real o no. Las agujas de mis relojes se pararon congelando el tiempo en momentos de profunda agonía por no poder decirte adiós.

Los abrazos se quedaron por si algún día te los puedo de nuevo dar. Mi sonrisa está durmiendo; dice que, cuando vuelvas, volverá a despertar. Mis manos siguen gélidas, reclaman tu calor. Mi voz, ahora enmudecida, está atrapada en un enorme nudo del que no sabe cómo partir.

Mi garganta se ha dejado enredar por las angustias y el miedo, por la ansiedad de no tenerte todavía aquí. Mi vigilia se sienta a esperarte cada noche a la orilla de nuestro antes igual mirar. Mi amor huye de la tristeza, no se quiere dejar atrapar.

Imagino que puedo abrazarte y que pronto sucederá. Soñarte aún no está prohibido y, si lo estuviera, por ti sería fugitiva, por ti un alma ilegal.

VUELA, ABUELA

No descansa el ansia de poderte tocar,
de tenerte entre mis brazos una vez más,
de cantarte muy bajito, y tú las palmas al
compás llevar.

No descansan mis desvelos,
que tuyos fueron, y ahora no estás.
No descansan mis ganas, que solo despiertan
para volverte a buscar.

No descansa mi dulzura, que con tus mejillas
se quiere encontrar.
No descansa mi pena, que te llora
y siempre te llorará.

EPIFANÍA

La rabia se convierte en la sangre que comienza a circular por las venas. No lo entiendes, te da miedo. A veces, la mentira se apodera por la falsa creencia de que así volverá la seguridad. Ahora eres la ausencia de ella y no puedes parar de hablar. Te detienes, respiras. No quieres sucumbir a ser como los demás. La rabia de nuevo te bombea, cada vez con más fuerza, casi con la misma con la que te esfuerzas por encontrar la paz.

Te sientes única, diferente, y no quieres ceder tus sueños a la falsa copia de quienes te los quieren arrebatar. Quizá sea brujería, magia o una simple casualidad, pero te llena de rabia sin freno y te duele sentir que ya nada es igual. Que quizá las casualidades solo quieran reparar lo que antes sin comparaciones ni miedos, unido, enlazado, ligado conectado siempre iba y ahora ya no va. Antes solo eras una única especie sin igual, ahora eres una lucha constante por no sentir que te arrebatan o que te dejas arrebatar.

Tienes miedo, no sabes qué pudo pasar. Tu atrevimiento es tímido y no se enfrenta a las preguntas que quieres realizar. ¿Fui para ti la muleta para el mal que te atacaba y ahora no soy nada porque ese mal ya no está? ¿Fui para ti compañera verdadera que te llenaba de cajas tu pequeño cuarto y te alejaba de los miedos enseñándote a soñar? ¿Fui para ti? ¿Fuiste para mí? Yo diría que sí, aunque ahora te necesite para poderlo descifrar.

Quisiera decirte que dolió enfrentarse al mundo y apostar por ti, coger tu mano y después sentir como la dejabas ir. Quisiera decirte tantas cosas... Qué difícil es a veces coexistir, escuchar a la voz que dentro nos grita y no sabemos cómo dejar salir.

Ojalá volviera a ser como antes. Ojalá a veces no sentir así.

Ojalá que algún día se desvelen las respuestas y dejemos de fingir.

Ojalá volver a ser ramo de flores en el maletero del coche, volver a escaparnos sin desazón por las calles de Madrid, volver a ser dos sin tercera en discordia que desate dolor. Volver a hacer el camino juntas siendo el de los pies del cuerpo el único y verdadero dolor.

Ojalá volver a vivir esa semana, que en una nos convierte, siendo dos.

Ojalá volver juntas a cantar aquella canción, ojalá volver a ser el centro de las miradas con nuestro grito de guerra en cualquier metro de cualquier estación.

Ojalá poder volver a mirarnos a los ojos y abrazarnos fuerte como lo hacíamos antes de aquel momento que nunca supimos por qué, pero nos cambió.

Ojalá tener un momento de revelación, de comprensión súbita y profunda que nos revele por qué a veces somos una y a veces dos.

TEATRO, ESCENARIO, ATREZO

Echo de menos caminar sobre tus tablas, bailar con el calor de tu cielo a techo cerrado. El dolor de tripa cuando escondida me hallo, esperando que sea mi turno, esperando que comience el espectáculo.

Extraño los aplausos, las luces de colores, el sonido de tu suelo, el calor que se desprende desde tus butacas al otro lado. El sudor por mi frente, que me avisa de que ya está pasando; los poros de mi piel, seriamente erizados; la adrenalina por mi cuerpo recordándome cuánto te amo.

Extraño tu verdad y extraño tus mentiras, extraño por ti ser mil personas diferentes cada día. Te extraño por la noche, en la madrugada y durante el día. El aroma de tu desvelo, la emoción y la alegría.

Extraño bailarte, cantarte y beberte segura sabiendo que tú me das la vida. Extraño tu atrezo escondido, más veces equivocado que en su sitio.

Extraño tu magia y tu forma de hacer siempre del mundo lo que quieres sin límite de cuerpo y sien. Sin límite de ser o no ser.

Extraño tu intención y tu sabiduría. La reparación que haces en cada parte de mi piel cuando me sanas y me llenas de vida. Te extraño tanto que por ti volvería a enfrentarme al mundo insólito demostrando que tú eres la vida.

SOY TEATRO

Visto con piel de hierbabuena y monólogos que me persiguen y me hacen perder la cuenta. Respiro público de butaca y pasos danzantes siempre entre tablas.

Me arropo siempre en domingo y fines de semana con cientos de tipos distintos de miradas. Me alimento de versos que sanan mi alma a veces tan golpeada, bebo el aliento de amor por lo que hago, sin miedo a nada.

Me baño en focos de luces y música de petaca. Me curo con horas de sueños cumplidos que aseguran reparar mi alma.

Me enamoro una y otra vez de ti, sin temor a ser rechazada.

Porque yo soy de ti y sin ti no soy nada.
Y es que tú eres mi luz, mi cura, mi vida y mi casa.
Y es que yo sin ti no soy nada.
Y es que el solo pensarte ya eriza mi ya tuya alma.

ATLAS

Mi espera no te esperaba, pero mis ganas sí. Ganas a veces tristes o desgastadas por no saber cómo actuar ni en qué día de encierro estoy ya.

Vienes y te vas. Pero siempre estás. Llenas esta prisión de libertad. Tu ansia frenada me confiesa que por consolar mi dolor quisiste montañas y ríos cruzar, carreteras y mapas surcar. Por mí y mi desconsuelo poder abrazar, vacilaste con riesgo lo que antes bien, pero ahora prohibido está. Has llenado mis minutos de recuerdos de nuestra añorada libertad. Has adormecido mi dolor con tus palabras de viajes ya lejanos, risas a medianoche, carcajadas entre miradas de conexión y ganas del mundo parar.

Has hablado de aquellos abrazos, de aquellos baños en el mar. Me has jurado que, cuando todo esto pase, viviremos cientos de infinitos fines del mundo sin tanto pensar.

Tu voz me ha acercado a todos aquellos paisajes, a nuestros sueños despiertos en voz alta, que a medianoche planeábamos como poder hacer realidad.

Has dicho que me quieres y te has puesto a llorar. No quieres colgarme, me echas de menos y me repites mil veces que me quieres abrazar. Sabes cómo pienso, sabes cómo siento y sabes que mi mundo amarillo sin ti no hubiera existido jamás.

Lloras de nuevo; te pido que me cuelgues, que descanses y que esperes a que mi desconsuelo se disipe para tener fuerzas de nuevo y volverte a llamar. Tus ganas me gritan que no vas a colgar, que tienes miedo de no saber cuándo de nuevo mi voz podrás escuchar.

Yo mientras tengo miedo a que esto nunca acabe o a que jamás entienda lo que me está pasando y sea yo la que no pueda parar de llorar. Tú me confiesas que tus gigantes ahora son pequeñeces. Qué crueldad concederles a tus gigantes ese poder mientras la muerte se lleva a la vida, y a ti y a los tuyos la vida os cuida para que la muerte no os lleve por ahora y os deje respirar.

Te enojas con el destino por haber abofeteado así mi ino-cencia y mi felicidad. Te cuestionas todo y me afirmas que yo no me merezco esto que yo solo me merezco paz. Guardo si-lencio entre cautos sollozos y te digo que hay cosas que pasan porque tienen que pasar. Estoy trabajando en mi rencor a Dios, al mundo y a la sociedad.

Tú estás trabajando en no saltarte todos los semáforos de tu casa a la mía para darme un abrazo que nos haga volver atrás. Que cambie todo lo que ha sucedido y que haga que la muerte me devuelva las vidas que se ha llevado sin permiso ni licencia, sin ni siquiera dejarme abrazar.

Cambias de tema, cambio de tema, volvemos a reír sobre las noches de desvelo, sobre tus manías y mis rarezas y sobre todo lo que juntos hemos descubierto, y nos aterra que algún día uno de nosotros pueda olvidar.

Agotamos todas las anécdotas y entre mil intentos de despe-dida me dices que hemos devorado el tiempo y que más de dos horas han pasado ya. Recuerdo que fue solo hace un minuto,

pero por lo visto ha sido hace más. El tiempo se ha desacompa-
sado, pocos minutos a gran velocidad para muchas anécdotas y
pocas ganas de colgar.

Buenas noches, amigo.

Te quiero, amiga. Buenas noches. ¿Te he dicho ya que te
quiero? Te quiero, te quiero, te quiero.

Yo río y tú mientras lo repites de nuevo y me dices que no
lo olvide jamás.

LA MATARON

La mataron las ausencias y las escasas palabras.

La mataron los pasillos fríos y los escalofríos por la espalda.

La mataron los gritos atrapados e ignorados que atemorizaban su poca cordura y aumentaban sus temblores llenos de lágrimas.

La mataron las creencias de todos aquellos que la hacían sentir que ya no valía para nada.

La mataron las conversaciones con las paredes porque nadie la escuchaba.

La mataron las esperas de quienes no nos dejaban visitarla.

La mataron los sentimientos de abandono, de apatía y pena profunda en el alma.

La mataron los delirios y la ausencia de fuerza en sus piernas para enfrentarse a todo aquel que daño le haga.

La mataron los pasillos, los desconocidos y mi falta. Yo aún guardo nuestra canción en mi garganta, nuestro chocolate en la manga y nuestros besos en el alma.

La mataron tantas cosas que no tenerte es lo que ahora a mí me mata.

PUNTOS CARDINALES

Aquella aventura le recordaba que seguía ahí, llena de vida, coleccionista de secretos, siempre tan dueña de sí.

Quiso que la mirasen viendo lo que de verdad había dentro de sí.

Quiso reconciliarse con su alma, prometiéndole no volver a fingir. Quiso dejar de gritar, dejar de gritar: «Estoy aquí».

Ya se opacó el cielo y, con la perspicacia de la noche durmiendo al raso por ti, dejó de suplicar, de suplicar «me merezco vivir».

Era pura simpatía lozana, pero también era una perfecta combinación de latidos sin sentido que se coordinaba con la locura de su inquieta actitud, de su temblorosa voz.

Ella era muchas cosas, y nada a la vez. Solo dejaba ver lo que no podía esconder.

TODO LO QUE NOS FALTÓ

No hay palabras para el consuelo, ni abrazos permitidos sin miedo, ni vacuna para este dolor.

No hay besos en la frente, ni en los labios ni en tus manos calientes, que ahora frías descansan sin temblor.

No hay cura para las ausencias ni despedidas que apacigüen el amargor de tu partida y los desgarros que dejan en el corazón.

No hay voces familiares entre los delirios que con llantos calmen en cercanía el calvario y el miedo al decir un eterno adiós.

No hay manos sosteniéndose las unas a las otras aferrándose al deseo de que a casa vas a volver, que todo esto es solo un mal sueño y que como flor de cerezo vas a florecer.

No hay retorno, no hay piel con piel. No hay miradas sin distancias permitidas. No hay flores sobre tu tumba ni recuerdos de tu cuerpo sin vida al otro lado del cristal, adornada de flores de colores y decenas de personas llorándote porque estás, pero no estás.

No hay llantos escurriéndose entre abrazos que gritan, sollozan y se preguntan por qué.

No hay encuentros ni despedidas, no hay oportunidades de verte por última vez.

No hay ánimo y aliento, no hay saludos de desconsuelo entre caras ya pasadas que por ti y tu encuentro se ven de nuevo para decirte adiós.

No hay nada de eso. Espero que, cuando todo esto termine y vaya a verte, no sea real tu ausencia, porque entonces solo habrá mucho más dolor.

MI CUERPO

Mi cuerpo ya no me habla, ni tampoco me quiere mirar. Dice que le duele lo que le hago, que ya no le sirve ni llorar. Sus quejas golpean mi cabeza, sus certezas me distraen. Me asegura que ya terminó su colección de silencios que a gritos me piden parar.

Mi cuerpo siente miedo, teme hasta dónde lo puedo llevar. Ya no quiere espejos ni reflejos en los que poderse observar. Mi cuerpo tiene miedo y me chilla que pare ya.

Mi cuerpo tiene miedo, no puede más.

ESCLAVA

Me siento atraída por el fuego que convive con tu mar, ese que guardas tan adentro donde nadie puede entrar.

Es absurdo tu ser, a veces tan inepto que me cuesta aceptar. Pero en ti hay un poco de él y en mí un poco de aquel lugar. No tengas miedo si de pronto te sientes igual, los dos sabemos que aquel vuelo jamás despegará.

No tengas pena si te asusta el volar. Entiende que yo no soy loro de jaula, sino gaviota de mar.

AQUEL CORAZÓN

Aquel que late dentro de mí está dividido en cientos de retazos, algunos resistentes al cambio, otros olvidadizos y otros jugadores del engaño.

Hay un pequeño y despistado retazo que aguanta sin plantearse otra opción, no quiere desprenderse del todo, se confiesa adicto a ese dolor.

Junto a él respira un pequeño reflejo, antípoda de mi más profundo yo, aliado de la más grande extrañeza, cómplice del verdadero amor.

Me escondo en el filo de la ignorancia procurando simplemente escuchar el sonido de tus labios enhebrando todas aquellas palabras desordenadas que tiemblan cuando las intentas dejar escapar.

NIÑA DE SAL

Y la luna, muy bajita, susurró:
«Niña de arena y sal,
desenreda los torbellinos y permítete flotar.
Niña de arena y sal,
hay enigmas cuyo precio no puedes pagar.
Niña de arena y sal,
corta la red que te atrapa y permítete flotar.
Niña de arena y sal, no escondas tus verdades, libéralas».

ESMERALDAS

Ya no hay luz que haga sombra ni suspiros amigos del amor.
Sobran las ganas, se busca el valor.
Duermen las esmeraldas.

La estafa despierta amenaza de nuevo, grita y asusta.
Las esmeraldas ya no brillan, bañadas en agua salada siempre
están, se lamentan por dormir junto a la estafa, por meterla en
su hogar.

Las esmeraldas están aterradas, pero son valientes y saben
que lo lograrán.
Las esmeraldas quieren ocultar su dolor, pero no pueden
más. Añoran la dulzura del verdadero amor, las caricias, la paz.

La estafa es un monstruo de cuatro cabezas que todo lo
destruye, es aliada de la muerte y de los golpes.
La estafa no sabe qué es querer. No entiende que las
esmeraldas no piden permiso para vivir, son indestructibles,
y ahora sin ti, mucho más felices.

Las esmeraldas no tintan de morado, tienen su propia luz.
Son fuertes y valientes, no necesitan ese dolor.
Las esmeraldas no son como tú.

SALTO AL VACÍO

El tiempo que me doy, a veces tan escaso; las verdades que me digo, tan crueles y falsas.

Los cortes y las llagas que se creen portavoz, cuando nadie mira, cuando nadie habla, cuando todos olvidan el desorden que la locura a su paso dejó.

El corazón en altamar que se esconde al alba tiene miedo de saltar, de confundir su rabia.

La función que cambia el orden y el argumento que se espera. Esta vez mi eco repite con fuerza el gran salto al vacío que es confiar en uno mismo, pero ahora, y sin dudarlo, quiero saltar.

INGOBERNABLE

Qué divertida cuando me canta, qué guapa cuando calla. Su silencio, mi nostalgia, sus gritos, mi yo en llamas.

Es viajera en el tiempo, amante del mes de enero. A escondidas tan igual a mí, coleccionista de secretos, experta en quizás, me enseña cosas nuevas, sabe que quiero más.

Ella ingobernable, tan contraria a todo lo demás. Brilla entre las tinieblas, no tiene miedo a la guerra, se abraza a la locura salvaje, besa al fuego sin quemarse, no se deja gobernar.

JARDÍN DE GRANIZO Y CALOR

Estuviste tantas veces sin tú saber que ni ocurrencia ni evidencias tienes de que yo ya sé las veces que aparentemente escondida me retenías sin retener.

Cada movimiento huye de cualquier evidencia que pueda hacer parecer que estoy despierta mientras duermo, que vivo fugitiva de lo que siento, pero que no puedo ser.

Cuando la ciudad anochece, yo comienzo a florecer. El miedo se toma un descanso y mi creatividad toma el mando de todo mi ser.

Ambos tan callados y asustados esperando el sonido de salida para con ánimo recorrer aquel laberinto envenenado, aquel camino hacia lo inesperado o quizá deseado momento de espanto y placer.

NIÑO DE OJOS CLAROS

Niño de ojos claros, siempre supiste a amargos tragos de caprichos emponzoñados, de huidas a las vías de aquel escondido lugar.

Aquel recuerdo que saboreamos es solo un instante del pasado al que solo nosotros sabemos cómo llegar. No podemos dejar que nos reclame por muy fastidioso que sea este calor nublado que nos reconoce y nos intenta llevar de nuevo allí, de nuevo frente al cristal.

Aquel rincón de cien colores con barcas hundidas en sus aguas nos miente usando las entrañas para empujarnos a volverlo a repetir.

Niño de azul intenso, niño de cristal. Ese lugar ya no existe, ese lugar ya solo vive en nuestra intimidad.

FLOR DE CAMINO DE TIERRA

Incierto el secreto que arde en aquella flor.
Oculto en aquel estambre, oculto de la razón.
Jugó tantas veces que entre gritos
de susurros se perdió.
Ya no hay salida para él
ni alimento para impulsar el brote de su flor.
Flor con pétalo de fuego,
no es tu culpa si te liberó;
ahora es quien quema en silencio y
solo a tinieblas te permite ser flor.

MI LUNA MEDIA Y ENTERA

Luna, no te enfades, aquella noche no era yo.
Me perdí entre pulsos e impulsos
que jugaban conmigo a ser Dios.
Luna pálida de medianoche,
jamás descansé sin pensar antes en ti.
El monstruo me vigilaba y no me dejaba salir.
Mi luna media y entera, yo también lloré por ti.
Encerrada en aquella torre
incluso cuando me rendí.

Luna blanca de limón
aun teniendo mil caras,
me quieres tal como soy;
aun sabiendo que no puedo,
me esperas en aquel rincón.
Entre nubes e intentos,
entre suspiros de algodón.

MANDÍBULA

No estás, ya nunca estás.
Solo tu ego hambriento e insaciable
que habla de vez en cuando, haciéndose notar.
Ego que suplica y lamenta entre fingidos
intentos de preocupación por los demás.
No estás, ya nunca estás.
Tu egoísmo a veces nos visita y
nos quiere sacar a bailar.
No estás, ya nunca estás.

Se disipa tu recuerdo,
se camufla entre las flores
que recuerdan que no estás,
pero estás.
Flores que suenan a canciones de otra década,
flores que murmuran historias
de mandíbulas hambrientas.
Dicen que no estás, pero estás.

EL LÍMITE

De alguna manera sí.
Piedra evaporada también.
Explora los límites.
No puede mirar.
Pregunta callada y le contesta sin hablar.
Describe aquello de lo que el cielo
no le ha escuchado hablar jamás.
Abre y cierra, rozan sus piernas.
No puede mirar.
Son como arrullos, pequeños arrullos de mar.
Orgullo tembloroso pierde el enfoque
mientras lo vuelve a probar.
Los límites amurallados pierden ventaja
frente a su mar.
Guerra silenciosa oprime muy adentro,
lucha de mares que se vuelven a tocar.

CRISTALES VIDRIOSOS

Cristales vidriosos
miran hacia el sur,
marcan las agujas.
Septiembre, tú.
Se truncan las tormentas,
la lluvia se esfuerza por no calar.
Bebo a sorbos y a escondidas,
apago la sinfonía.
Se acurruca el silencio en aquel reflejo,
y de nuevo ese vidrioso cristal.
Mordiscos y desvaríos,
desvíos y mentiras, que a verdades quieren jugar.

ESA NIÑA DE NUEVO

La niña sabe que el cielo en el suelo y el suelo en el cielo.
La niña sabe que algo no de aquí, sino de otro lugar.
La niña sabe que todo es distinto, la niña tiene miedo de hablar.
La niña grita, no calla, no censura su inconformidad.
La niña se envalentona, no musita, no.
Se aleja de todo aquello a lo que supone que tiene que parecer.
No sella el silencio, no aparenta tranquilidad.
La niña calla, pero sabe; la niña sabe la verdad.
La niña atesora los destellos, no deja que se apague la luz.
La niña lo ve todo, sus ojos atónitos son como tú.
La niña acuna a la verdad, finge no saber nada.
La niña que no calla no se deja asustar.

EL VIAJE DE TU LÍNEA

Vive.
Grita.
Ríe.
Llora.
Corre.
Lucha.
Crece.
Enamora.
Sueña.
Niega.
Crea.
Enmudece.
Chilla.
Cautiva.
Atraviesa.
Palpita.
Viaja.
Duerme.
Muere.

LA CONSECUENCIA DEL HECHIZO

El joven de mirada jadeante se arropó con el orgullo bajo el olivo. La luna silenciosa le guio hasta la costa, le guio hasta el fuego donde arde el sol.

Mientras, la niña de otros mares, concentrada en no olvidar su voz, les rogaba a las gaviotas señales que le marcaran el camino, que le acercaran al destino, destellos que le señalaran la dirección.

El joven de mirada jadeante, algo apaciguado y fingido, memorizó el recorrido. Siempre espía de aquellos pasos, caminante de valle sin camino. Te doy esta ofrenda, llévale mi voz. No hay excusas ni razones, ni tampoco explicación.

Dile que no son sus ojos, que es su corazón.

A 171 KM

Allí donde todo se forjó, no hay señalización,
no hay torres altas ni paradas que te lleven a otro lugar.
Hay manos que estrangulan y amenazan a la verdad.
Hay sombras que destruyen la inocencia, que obligan a callar.
Allí donde el calvario con los niños asegura jugar,
se inventan nuevas reglas que obligan a llorar en silencio.
Reglas que obligan a respirar ese olor
que causa pesadumbre, que roba la infancia
y que de nuevo ordena callar.
Allí donde el recuerdo prefiere no viajar,
allí se cocina la angustia, se despiertan las memorias,
se conmueven los secretos.
Allí la tormenta parece no cesar.

COMO AQUELLA PLAYA

Aquella playa me recordaba a mí.
Sus idas y venidas,
llena de espuma y coral.

Aquella grava escurridiza, aquel olor a sal.
Me pregunto cómo hará cómplice a la luna,
tan semejante a mi silencio,
tan huidizo del pensamiento.

Me pregunto cómo la hechizará.
Sin ataduras y audaz,
burlador del azar,
cálido y fuerte arrasa
con todo sin maldad.

Mis pasos me recuerdan
a los de las gaviotas en la orilla de aquel mar.
Yo no quiero ahogarme,
pero tampoco sé cómo me puedo salvar.

EL NIÑO

Niño cantarín, divertido pero ausente. Me enseñaron a quererte aunque no pudiera verte. Me enseñaron a hablarte, a rezarte y a llorarte. Me enseñaron a imaginarte siempre parlanchín, cariñoso y valiente.

Niño rubio de ojos claros, que enamorabas con tu voz, te recuerdan cantando cómplice del ruiseñor.

Niño travieso, niño de Dios, te lucharon hasta el último día, te siguen definiendo como el más puro amor.

Niño de otras tierras que me compartes tu sangre, te pienso y te quiero a cada instante.

Niño de ojos claros, me prestaste tu alegría y la motivación para encontrar tu rostro y compartir tu sonrisa.

Niño valiente y lleno de amor, te pienso y te quiero.

Tu madre me lo enseñó.

EN LOS OJOS DE NADIE

Sé que vieron cómo la furia golpeaba la pared, cómo la rabia crecía, cómo faltaba el aire, cómo enloquecía quedándose sin respiración. Vieron lo que hacía ruido, pero en realidad nadie supo ver bien.

Les faltó apreciar su valentía, disfrutar de su alegría, entender su dolor.

Les faltó aceptar que cada flor es diferente, con distintos colores, y que ninguna es culpable por desprender distinto olor.

Ya no hay culpa que ahora ella pueda sentir, ya no busca ninguna aprobación. Sus alas son hermosas, no se esconden, no suplican, no buscan en los demás permisos para volar, para ser feliz.

Luce sus hermosas alas con orgullo y honor. Ella cree en sí misma, no tiene miedo a coger cualquier dirección. No siempre sabe lo que quiere, pero sí quién es. Se mira en el espejo y reconoce lo que ve.

PUNTO DE FUGA

Bajo el helecho duerme el silencio mientras las velas congelan el tiempo.

Hay un ritmo en aquel viejo sonido, que bajo las teclas engancha a mis dedos. Letras de caja azul creando sueños.

La citronela sobre la mesa, ahuyentando a los testigos. Hay humo en la penumbra, hay verdades que se ocultan, hay fuego en el acero.

Se mezclan los colores allí donde se forjan los sueños, se derrite la cera, se despierta la noche y el día se muere de celos.

De nuevo, el parpadeo; en él no hay soledad. Me acompañan los versos.

EL AÑO DE LAS FLORES

En el año de las flores,
las estrellas me vigilan,
inmóviles conocen mis verdades y mis mentiras.

En el año de las flores,
entran por mi ventana
para templar las sospechas,
para acompañar mi vigilia.

En el año de las flores,
mi desnudez sin prisa es piel mojada,
cómplice de mí misma.

En el año de las flores,
fui la respuesta y la pregunta.

En el año de las flores,
abrí las ventanas,
para dejar entrar la brisa.

25 L

Truenos muy adentro arrasan con todo en silencio. Se despierta la mujer dormida, que salvaje enseña sus heridas. El calor sube por las rodillas, el fuego quema las cadenas. La ciudad descansa dormida mientras la calle asombrada la contempla.

Cambia la dirección de la brújula, que ya no sabe dónde el norte ni dónde el sur. Ella, de nuevo pizpireta, ya aprendió. Ahora disfruta de estar perdida, abraza su falta de cordura, complace sus deseos y baila desnuda y sin complejos. Libre de ataduras, en el umbral de la libertad, su alma al fin despierta.

Ella, ya experta en transformar los obstáculos, crea escalones hacia algún lugar. Se deja llevar salvajemente, comienza a vibrar. Todo está oscuro en la noche aunque en secreto ella sea la luz. No tiene miedo a nada, sabe que su coraje de nuevo la volverá a guiar. Esperanza compartida en mares inciertos de incertidumbre y soledad.

CATARSIS

Entre el humo negro de aquel regalo y el café frío de aquel vaso, me permito de nuevo ser yo. Atiendo una a una a aquellas vidas ya del pasado, que parecen ficción. Guardianas de mentiras, lúcidas y taciturnas.

No hay miedo ni angustia, solo una pequeña parcela que atesora trozos de mi voz. No hay testigos, no hay retrocesos, no hay vueltas al sol.

Yo, ya dueña del tiempo, me enredo entre versos, descanso entre ellos y entiendo que aquellos instantes me llevaron a ser quien soy hoy.

En el vasto camino sé que me volveré a perder y que en las sombras de las dudas me encontraré. Pero con determinación y fuerza me arroparé con el manto de honor, que corona al valiente como vencedor.

Así pues, en lo inefable de mis logros, mi alma volverá a florecer, surcando desafíos y alzando la voz.

AGRADECIMIENTOS

Publicar un libro por primera vez siempre es un desafío. Y más aún cuando se ha elegido el camino de abrirse en canal como método para su creación.

Desde pequeña me ha gustado escribir, crear y no poner límites a mi imaginación y creatividad. La escritura me ha acompañado siempre y, gracias a ella, he aprendido a conocerme mejor y a entender el mundo que me rodea. Vivo enamorada de la poesía y del tiempo que paso junto a ella.

Es por ello por lo que quiero aprovechar este pequeño espacio para agradecer a mi familia, principalmente a mis padres y a mis hermanas, por apoyarme siempre en todo lo que hago.

También quiero agradecer a todas mis amigas y amigos, siempre tan fieles a mi locura, y a cualquier aventura que yo quiera emprender.

Gracias también a Javier, por acompañarme y apoyarme siempre en todo lo que hago. Él nunca hace ruido, acompaña en silencio con cariño, con empatía, con los ojos abiertos y el alma llena.

Finalmente, gracias a todas esas personas que me han arropado, apoyado y mirado con ojos de entusiasmo sin dejar que mi valentía y mis ganas se apaguen.

A todos vosotros y a los que estáis leyendo esto en este preciso instante, gracias por creer, gracias por leer, gracias por inspirarme.

ÍNDICE